VIP

Very Importante Phrase

ISBN : 978-2-3225-5892-6
Dépôt légal : Mars 2025

© Majead Ah-Mahel, Pointe-à-Pitre, 2025

Édition : BoD · Books on Demand, 31 avenue Saint-Rémy, 57600 Forbach, bod@bod.fr
Impression : Libri Plureos GmbH, Friedensallee 273, 22763 Hamburg (Allemagne)

Mise en forme intérieure : Agence Polymnesia

Le Code de la propriété intellectuelle interdit les copies ou reproductions destinées à une utilisation collective. Toute représentation ou reproduction intégrale ou partielle faite par quelque procédé que ce soit, sans le consentement de l'auteur ou de ses ayants cause est illicite et constitue une contrefaçon sanctionnée par les articles L335-2 et suivants du Code de la propriété intellectuelle.

MAJEAD AT-MAHEL

VIP

Very Importante Phrase

Sommaire

Before propos

1. LSD - Littérature Sous Dérision
— *Phrases euphorisantes*

2. PLS - Position Latérale de Solitude
— *Phrases en solo*

3. BTP - Bonheur Très Personnel
— *Phrases atypiques*

4. PIB - Poétique Intérieure Brute
— *Phrases héréditaires*

5. DLC - Désir Largement Compliqué
— *Phrases en duo*

6. TSA - Trouble du Spectre Aphoristique
— *Phrases sur la phrase*

After propos

Before-propos

J'aime la démarche qui consiste à me promener seul, dans un endroit calme, afin de mettre du beurre dans la réflexion, en espérant joindre les trois bouts : le cœur, l'esprit et la déconnade.

Qu'est-ce qui te leitmotiv dans la vie ?
Les mots.

LSD -
littérature sous dérision

Phrases euphorisantes

BOÎTE CRÂNIENNE
cherche esprit critique

Entre l'impensable et moi,
un champ de maïs à cultiver,
autant de possibles que de pop-corn.

N'ayant pas les moyens de
s'offrir le luxe de l'ironie,
il prend tout pour argent comptant
et refuse de rendre la monnaie.

Quand on voit ce que certains
font de leur présence, on se dit
que les absents ont bien raison d'avoir tort.

Mytho propose de
raccommoder vos trous de mémoire
avec un tissu de mensonges.

On ne fait
pas d'omelette
sans casser les burnes à une poule.

Il joue
les durs à cuire,
mais c'est un œuf à la coque.

Œil
au beurre noir
cherche témoin oculaire

Otite

n.féminin —— \ɔ.tit\

Tout ce qui est tombé
dans l'oreille d'un sourd
et qui n'a jamais été récupéré.

Tout
ce qui saute aux yeux
est kangourou de l'évidence.

Combien de temps
t'as vécu avec ton temps ?
Le temps de lui faire un gosse illégitime.

Jurer
sur la vie de sa mère,
de quelle juridiction cela relève-t-il ?

Chassez
l'eau de la vessie,
elle revient au goulot.

(**Q**uatre vérités)
Dire une vérité cash
ou en 4 fois sans frais ?

Après myrtille réflexion,
il se sent mûr pour ramener sa fraise poétique
comme une cerise sur le gotha littéraire.

Je veux bien
qu'on me passe un savon quand je déconne,
à condition qu'il soit de Marseille.

La vie ?
Thèse
Antithèse
Épitaphe

Le temps
est une tortue.
L'homme, un lièvre torturé.

Vivre
des instants mémorables,
ne nous met pas à l'abri d'Alzheimer.

Les urticaires, à table !
C'est l'heure de la démangeaison !

Tu vis où ?
— Hors contexte. Et toi ?
— Hors de moi.
Ils vécurent hors d'haleine.

L'I.A
est-elle capable de calculer avec précision,
le pourcentage de chance dans le malheur d'un homme ?

Le père
de ce jeune autiste hypersensible aux bruits
sortit de sa maison pour demander aux cigales
si elles pouvaient chanter un peu moins fort.

Le diable
est NÉGOCIANT EN EGO.

Le cheval
qui ne se voyait pas trotter toute sa vie durant
suggéra à son cavalier d'investir dans une trottinette électrique.

Dire tout ce qui passe par la tête
traverse rarement le passage clouté de la raison.

Chère humanité,
dans l'attente que tu cesses de partir en live,
daigne recevoir mes salutations a cappella.

Dans son élan,
le pétillant serveur renversa le verre d'eau du client
et s'empressa de lui demander :
« *Mes plus plates excuses ou mes excuses gazeuses ?* »

Il rata
le virage.
Ce fut un tournant dans sa vie.

L'HUMANITÉ MANQUE D'AFFECTION

Seconde chance

Si Jacques Prévert a reconnu le bonheur au bruit qu'il a fait en partant, moi, je l'ai reconnu au silence qu'il a fait en revenant sur la pointe des pieds, tout penaud, malheureux, tête baissée, me suppliant tacitement de lui donner une seconde chance de nous rendre heureux.

Il misait
tout sur sa bonne mine,
jusqu'au jour où il tomba sur un taille-crayon.

Il tomba
de sommeil
et s'écorcha la nuit.

Le sonar
est au poisson
ce que le radar est au poulet.

Un psychiatre
qui ne déclarait pas ses lapsus
s'est fait arrêter pour Freud fiscal.

Malgré
tous ses arrondissements,
Paris ne tourne pas rond.

Flash info
Un homme mielleux
s'est fait butiner par une abeille
et pourlécher par un ours.

Windows
n.commun —— ['wɪndoʊz]

Les yeux d'un geek
sont les pop-ups de l'âme.

Le rêve d'une mouche
est de se poser sur un humain
qui ne ferait pas de mal à une mouche.

Combien de temps
faut-il pour se faire un dur à cuire ?
Tout dépend du temps de cuisson. À poing ou à l'étouffée ?

Que fait
la pensée durant le sommeil ?
Elle tricote de jolis rêves.
(Ou tisse d'affreux cauchemars, s'empresse de préciser Momo)

Monsieur le dur à cuire.
Dans l'attente que vous vous attendrissiez,
Veuillez recevoir toute ma tendresse distinguée.

Le rêve inavoué
de tout médecin légiste
est de pouvoir autopsier son propre cadavre.

La terre
est bleue comme
un œil au beur noir mondialisé.

L'ego
est un éléphant.
Sois son cornac.

La douche
ne se prive jamais de se rincer l'œil.

Le succès
sans la célébrité.
Voilà la véritable réussite !

Flirter avec l'impossible,
il finira bien par nous
ouvrir son cœur improbable.

Si vous êtes intéressés
envoyez votre W.C
avec une lettre de motivation.

Quoi de plus révolutionnaire
qu'un homme qui ne réclame pas
le code wifi du lieu où il se trouve ?

La montre ?
Une illusion dans l'œil.

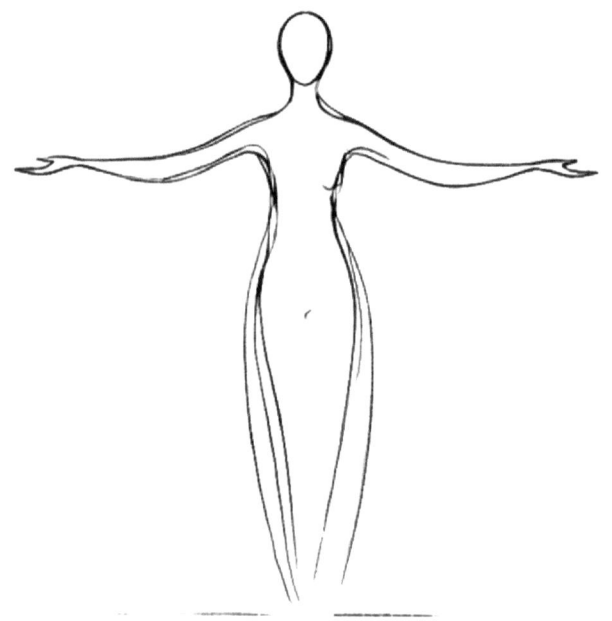

LA VIE EST TOUCHANTE

Laisse-toi faire

Faim psychologue
a toujours la pensée
plus grosse que la panse.

Renoncement :
Dire non à tout.
Contraire de youpi !

Le milliardaire
ne sachant plus quoi faire de son argent
s'est acheté la misère du monde pour une bouchée de pain.

Ce détective privé
mène son enquête sur le sens de la vie. Il cherche des pièces à conviction dans tous les recoins du monde, mais n'est-il pas lui-même le principal indice qui constitue la preuve à l'appui ?

La raison
m'écœure.

L'ignorance ?
Un silex sans l'étincelle.

S'éclipser en douce
et disparaître de la circulation sanguine du monde.

Week-end

n.masculin ——— \wi.kɛnd\

L'avenir vous appartient jusqu'à lundi.

Ce gosse rêve
de devenir parachutiste.
En attendant, il s'entraîne à ouvrir des parapluies.

Le vrai têtu
est celui qui arrive
à tenir tête à un Cerbère.

Certains
hommes
tombent
de
bas.

Gamin,
il n'avait pas son mot à dire.
Adulte, il l'a, mais n'ose pas le dire.
Vieux, il a fini par oublier ce qu'il avait à dire.

Humilité :
Capturer la foudre de l'ego
dans un verre de jus d'orage
sous une averse de glaçons.

Il avait
un trousseau de portes,
mais aucune clé pour les ouvrir.

Goûter un nuage et lui trouver un goût de Kérosène

Faux-semblant :
Combien de pélicans
se prennent pour des colibris ?

Autisme : « Uniformément nul !!! » est inscrit sur l'un de mes bulletins dans mon dossier scolaire. Le souvenir de l'âne bâté qu'on croyait que j'étais est dans un coin de ma tête. Il faudrait que je pense à envoyer l'un de mes recueils à un de ces profs formellement aptes à uniformiser toute forme de différence.

Toute réalité est handicapante.
J'ai fabriqué mon point de chute
avec les filaments de mon autisme.

Tout cœur
est habitable
reste à savoir
par qui ? Par quoi ?
Entre
le cœur ou la raison,
choisir la spontanéité à temps partiel.

On meurt
comme on a vécu :
sans faire exprès.

« Ci-dessous, en pièce jointe, la lune que vous m'avez demandé de vous décrocher. N'oubliez pas de me mettre 5 étoiles pour ma prestation de vendeur de rêve. Bien cordialement. »

Trop, c'est trop !

TROP de penseurs, pas assez de rêveurs.
TROP de concepts, pas assez de poètes.
TROP de logique, pas assez de folie.
TROP de "Moi je", pas assez de "Je nous".
TROP de savoir, pas assez de sagesse.
TROP de ceci estampillé, pas assez de cela sauvage…

LE HASARD NE CROIT PAS EN L'HOMME

《L'enfer, c'est les autres》

Comment sais-tu,
que ce n'est pas **TOI**
l'enfer ?

DÉFINITIONS TOUTES DÉFAITES

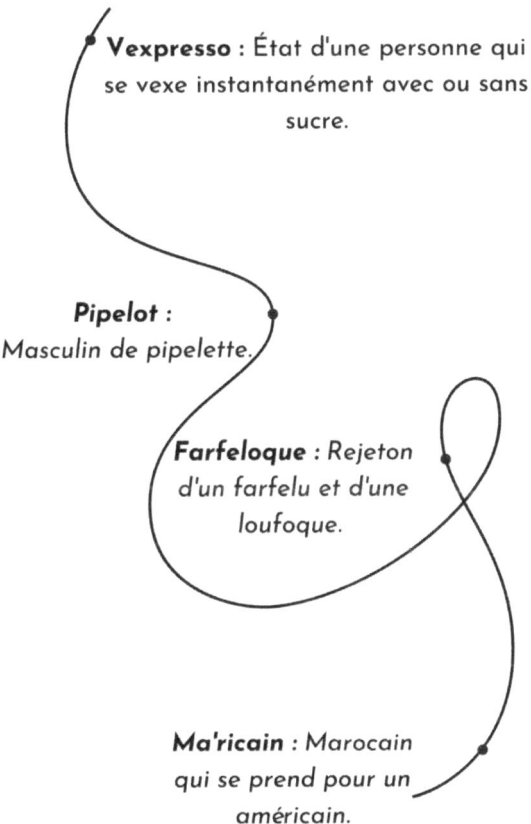

Vexpresso : État d'une personne qui se vexe instantanément avec ou sans sucre.

Pipelot : Masculin de pipelette.

Farfeloque : Rejeton d'un farfelu et d'une loufoque.

Ma'ricain : Marocain qui se prend pour un américain.

Percutif : Être à la fois percutant et créatif.

Sulfurax : Marmot issu d'un sulfureux et d'une furibonde.

Idiogentsia : contraire de l'intelligentsia.

Belle lurette : féminin de joyeux luron.

Carnaval

n.masculin \kaʁ.na.val\

Tous les appels passés durant cette période devront être masqués.

Star :
Ils sacrent des monstres
et s'étonnent de leur comportement monstrueux.

Flâner :
Principe actif de l'oisiveté.

L'océan
et la mer
se ressemblent
comme deux gouttes d'eau.

Le bonheur ?
Fais la queue,
comme tout le monde.

Toxique que tu es,
tu oxydes mon oxygène.
Comment puis-je t'aider à me foutre une paix royale ?

Frustration
ou quand le désir se coince
le doigt dans le principe de réalité.

« *Sur la vie de ma mer !* »
jura l'océan.

Depuis
le bon vieux temps,
de l'eau a coulé sous la spontanéité.

Belle lurette
que la météo ne passe plus
sur le passage clouté des quatre saisons.

Quand
les pleurs sont à déplorer,
les rires sont à implorer.

La pensée
est le mortier du réel.

Les chiens qui mordent,
les chiens en laisse,
les chiens sauvages, et moi,
le chien fou qui les observe.

Tu cherches quoi ?
— Un lac pour me la couler douce.
— ?!

la vie est une épine
dit le pessimiste

la vie est une aubaine
dit l'optimiste

la vie est une aubépine
dit le poète

Flash info :
Agression entre deux philosophes
qui s'est finie dans un bain de sens.

Être compris
est un luxe qui coûte
les yeux du cœur.

Tu cherches qui ?
      — Celui qui dit qui y est !

Jeter un sort évite
de sortir pour le jeter.

Toi, oui toi !
De quoi tu te pêle-mêles ?

Se changer les idées,
comme l'eau des fleurs
quand on se sent mal dans sa pot.

Bien qu'il se soit percé les oreilles,
le nez, le sourcil, le nombril, le…,
personne ne réussit réellement à le percer à jour.

Ergo
G le SEM

Enfant, je marmonne.
Adulte, je rumine.
Vieux, je radote.
Je râle, donc je suis.

Nudisme

n.masculin —— [ny.dism]

Ou l'ardent désir
de s'émansliper.

Un hôpital psychiatrique
décida de ne renouveler
son parc informatique qu'avec du HP.

Pouvez-vous
me résumer votre parcours de vie en quatre mots ?
— Bien sûr : Cendres & Résilience ; Humour & Papillon.

Doute :
Avoir le QI
coincé entre deux concepts.

Être
un pion ou un pionnier ?

Escapade :
Cap ou pas cap de garder
le cap escarpé de la vie et
d'en être un heureux rescapé ?

À quelle heure
tu comptes partir du principe ?

Se faire casser
les oreilles par un briseur d'ouïe.

Lapsus
n.masculin ——— \lap.sys\

Nul n'est prophète
dans sa bouche.

Pourquoi
faut-il que ce qui me tient à cœur
m'arrache le cœur ?

J'ai la mélancolie arc-en-ciel,
le spleen reconnaissable entre mille et une étoiles.

Moitié chineuse,
moitié chinoise,
elle chuinte quand elle chipote,
elle a un chignon sur la langue.

Paupière :
Persienne d'un point de vue.

Si on n'y prend garde,
un caillou dans la chaussure
peut finir par un caillot dans le sang.

Plus qu'un ami ou un ennemi,
quoi de plus intime qu'un miroir ?

Changement climatique
ou quand l'été hétérogène et l'hiver hétéroclite
se confondent dans le fumigène d'une pollution humaine.

PAPA POULE,
PARDONNE AU POUSSIN
SES ERREURS
DE JAUNISSE.

Mort
n.féminin —— \mɔʀ\

"Veuillez, SVP,
essuyez vos âmes sur le paillasson
avant d'aller au-delà..."

Ingratitude :
Combien de cœurs
tombés dans des trous de mémoire ?

Il retrouva
dans la poche déchirée d'un vieux pantalon d'enfance
un morceau de son innocence.

Il a beau avoir la clé,
ce voleur rentre toujours chez lui par effraction.

Musée :
Il glisse un marque-page entre les tableaux à chaque fois qu'il est interrompu dans la contemplation d'un chef-d'œuvre.

Il changea son fusil d'épaule et, avec son désespoir à bout pourtant, essaya de me flinguer le moral avec son cynisme meurtrier. Mais j'ai dégainé le premier, j'ai appuyé sur la gâchette de mon optimisme et lui ai collé une balle d'amour en plein cœur.

Descartes (vers la fin de sa life) :
« Je pense trop. Chais plus où j'en suis ! »
(*Cogito nimis. Nescio ubi sim !*)

« Nietzsche est mort ». Dieu.

Mémoire

n.féminin —— \me.mwaʁ\

Tout ce qui est
rentré par une oreille et
qui n'est jamais ressorti de l'autre.

NOMBRE DE MAUX

1,286

j'écris plus vite
que la détresse
aux trousses

...

Naître au ras des **pâquerettes** n'empêche pas de grandir et de devenir un **tournesol**.

(C'est le soleil qui me l'a dit)

Être en
A'CORPS

avec ce
qui nous tient

A'
COEUR

« Fermeture d'esprit pour cause de travaux. Veuillez m'excuser pour cette intolérance occasionnée. »

Feuilleter les jours,
la nuit, un marque-page.

Le bleu du ciel,
la couleur de peau des rêveurs.

Raisonner un con ?
Sa tête est insonorisée,
il n'entend rien de ce qu'on peut lui raconter.

Peut-on vivre
sans faire de tort à personne ?
Existe-t-il un homme que personne n'attend au tournant ?

L'horizon
est plus sûr qu'une frontière.

Bottes en cuir, pantalon en cuir, veste en cuir, tout de cuir vêtu jusqu'au cuir chevelu.

Tu cherches qui ?
— Quelqu'un qui pourrait y croire à ma place !

Éluard
est bleu éther comme un orage.

Le temps
a beau réitérer ses heures,
l'homme est toujours à la bourre.

Dans le milieu politique,
c'est un intouchable qui a la réputation
d'être un touche-à-tout, jusqu'à l'attouchement.

La beauté de la vie
ne saute plus aux yeux.
Ils ont été crevés par l'écran.

La vie est aussi courte
qu'une paille dans l'œil d'un défunt.

S'ouvrir l'esprit
afin que nos pensées
ne prennent pas la poussière.

Quand le cœur et la raison font chambre à part, subsiste entre l'âme et l'éternité un trait d'union salvateur : l'esprit.

Aimer la vie, l'Homme,
sans rien attendre de l'une et l'autre, pas même un bus,
et la paix vient à soi en sautillant…

Chance

n.féminin —— \ʃɑ̃s\

S'estimer heureux
de toujours faire partie de ceux
qui vivront verront.

Tu sens bon ! C'est quoi ton parfum ?
— Je me sens en confiance. C'est l'odeur de l'estime de soi.
— ?!

Cimetière :
Tout corps est jetable.
Sauf l'âme (le p'tit détail qui tue).

Une prise de conscience
peut être aussi violente qu'une prise de la Bastille.

Confier un secret
sécrète de la confiance.
Le trahir tire un trait et tarit l'éloge.

Paresse :
Jamais pressé pour gérer la paperasse.

L'homme est la glace dans laquelle le miroir se regarde.

[Don du sang-froid]
Pour inciter les gens à donner leur sang, l'association a embauché un provocateur assermenté afin de leur faire perdre leur sang-froid et le récupérer en toute illégalité.

Fi(t)ness de l'esprit

- Savoir-être en promo.
- Sport autocritique.
- Training de l'âme.
- Réflexion en 4 fois sans frais.

*Inscription auprès
du club des résilients et
profitez de 100% de remise en
question.*

Cuver le vécu dans la cave de ses vieux démons, leur faire prendre un bon bol d'air frais, histoire qu'ils se dégourdissent les jambes et qu'ils se changent les idées.

La malveillance
se cache aussi sous la caresse d'une louange.

J'ai
le corps d'un cure-dent
le cœur d'une hirondelle
l'état d'esprit d'un teigneux

Jamais été dans les clous.
Je sais qui s'occupe du marteau.
C'est le même qui s'occupe insidieusement
de scier les jambes de toute espérance.

Qui cherche toujours des excuses
finit par se retrouver seul au milieu de nulle part.

J'ai toujours l'imagination qui déborde
au point d'imaginer que l'homme
est le fruit réel de l'imagination de Dieu.
Nous sommes des êtres magiques.

Un jour,
le soleil aura la flemme de se lever
tant l'humanité s'obstine à être mal lunée.

[Top chef tyrannique]
Allez, au boulot !
Fais-moi une sauce à la bolo
Avant qu'j'pète un boulon
Et qu'tout parte à veau l'eau.

Vouloir faire la peau
à quelqu'un qui fait
le beau avec ses tatouages.

La mauvaise conscience est infestée
de moustiques qui piquent de l'intérieur.
Démangeaison de l'âme.
Avaler une moustiquaire.

Paix :
Chercher la paix à travers le monde
comme le fil à travers le chas d'une aiguille.

Résilience
n.féminin —— \ɹɪˈzɪl.ɪ.əns\

Les frustrés frustrent.
Les blessés blessent.
Les résilients réparent.

No Stress.
J'ai arrêté de
M'enfer.

Nul ne sait
ce que l'avenir
lui réserve
comme place de parking.

Qui vivront verront
même l'aveugle et le véreux.

Pas besoin de deux yeux
quand on ne voit bien
qu'avec un seul cœur.

Moucharde :
Traîtresse parmi les mouches.

Il n'y a qu'une mouche
Pour ne pas vouloir faire
du mal à un mouchard.

Sauf
erreur 404 de ma part
la nouvelle misère est virtuelle
les réseaux aussi ont leur poubelle.

écoute
LE SILENCE

Il est comme la nuit :
Plein d'étoiles et
De bons conseils

Quand le cœur s'ensoleille
Les pensées s'éclaircissent
Les paroles s'illuminent
Les actions éblouissent

**Le 21è siècle
sera celui du cœur
ou ne sera pas**

PLS -
position latérale de solitude

Phrases en solo

Le temps est l'amant sacré
de celles et ceux qui arrivent
à tromper l'ennui avec eux-mêmes
et qui prennent plaisir à se retrouver seuls.

La solitude
n'est pas biodégradable.

La solitude idéale
serait d'arriver à ~~couper le son de ses pensées~~
et de n'avoir plus que l'image de son âme…

Ni ami
Ni amour
Ni gloire
Ni richesse
Ne peuvent séparer l'homme

De sa propre solitude

Que serait
l'être humain sans la solitude ?

Un monstre de présence.

La solitude
n'incombe-t-elle pas à l'homme
s'il veut guérir de sa propre
contrefaçon sociale ?

Même le plus
GROS des caïds
flippe et fait profil bas
devant sa propre solitude.

On a
les solitudes de nos peurs.

Faire de la solitude un toboggan,
et ne plus jamais avoir peur d'être seul.

Au fond de moi,
dans ce coin autistique où il fait bon vivre,
ce coin qui n'est répertorié sur aucune carte sociale,
cette solitude sacrée où je peux me consacrer à moi-même.

Se sentir seul
dans la foule
comme le mot
solitude
dans le dico.

Une solitude en bikini,
c'est plus sexy.

Penser négatif, vivre pessimiste, râler.

Se plaindre tout le temps, critiquer et tout dramatiser.

Reprocher, accuser, ne jamais se remettre en question, et…

s'étonner de cette putain de solitude qui colle aux basques.

Solitude :
Cerbère de nos absences
Et de nos secrets.

Solitude ou
l'art de déserter le désir
d'être le centre du monde.

Solitude moderne,
cette hémorragie interne.

La solitude
cire les chaussures de la conscience.

La PIRE des solitudes,
c'est de ne pas aimer la solitude.

Ma solitude
est une cabane fabriquée
avec le bambou de l'autisme.

Beau parleur que tu es.
Ta solitude aura toujours le dernier mot.

Le progrès nous a vendu l'idée qu'il pouvait nous mettre à l'abri de nos solitudes, raison pour laquelle la plupart s'affolent dès qu'ils n'ont plus de wifi.

La solitude,
ce n'est pas

~~couper les liens~~
avec tout le monde,

c'est renouer contact avec soi.

Les
plus belles solitudes
sont riches en glucides et en potassium.

Derrière une hyperconnectivité,
une solitude sous-

jacente.

À quoi bon
le succès
la renommée
la richesse

si l'on crève
de solitude en catimini ?

Ma solitude autistique
est la derviche de ma présence au monde.

Solitude ou
l'image de soi,
nette, précise et sans bavure,
sans la supercherie du JE social.

La solitude m'a permis de comprendre que j'étais un imbécile qui se croyait intelligent. Pour le coup, elle m'a rendu moins idiot, jusqu'à ce que je me crois encore intelligent d'être moins con. J'ai encore de la solitude sur la planche.

Solitude ou
la seule manière
de pouvoir prendre
de ses propres nouvelles
et d'arrêter de (se) raconter des FAKE NEWZ.

Depuis combien de temps
tu ne t'es pas fréquenté ?

Si je sais de quelle solitude je viens,
je sais où aller voir ailleurs si j'y suis.

Au moins une fois dans sa vie,
l'homme ne devrait-il pas se
retrouver seul au monde
et découvrir l'ardente
vérité de sa
destinée ?

Trouver l'oasis
dans le désert de sa solitude
et ne plus jamais craindre l'insolation sociale.

La solitude est un chimpanzé.
Elle nous dépouille de notre superbe.

Croire feinter la solitude en étant hyper-actif et overbooké.
Voilà l'invisible hémorragie de l'homme : feindre ce qui pourrait le sauver et fuir ce qui pourrait le rendre à lui-même.

Économiser sa salive, mettre de côté le parler pour ne rien dire pour la grande solitude de ses vieux jours, afin de pouvoir radoter en toute quiétude, des fois qu'on n'aurait plus personne à qui parler.

LES PLUS GRANDES SOLITUDES
sont poinçonnées par l'étampe d'un silence tragique
ou par le cachet d'un sourire cathartique.

La belle solitude
ce n'est pas être seul
c'est être la libellule de sa nuit intérieure.

Mieux
vaut être solitude
que l'ami de tout le monde.

La solitude,
c'est la vie qui se regarde
dans le miroir de nos âmes.

Solitude :
Gant de toilette de l'âme.

Solitude 4G :
Individu absorbé par son écran
Englouti par sa solitude.

Dans l'atelier d'une solitude de luxe
fabriquer des bijoux de pensées et
confectionner des perles de bonne humeur.

Rien de tel
qu'une solitude artisanale,
faite maison, sur mesure et cousue main.

Mon cœur est un hibou
qui a trouvé refuge dans le creux de ma solitude.

Si tu m'entends hululer, prière de ne pas déranger.

Ma solitude est d'or
Mon silence, d'argent
Ma parole, en l'air.

Nul n'est prophète dans sa solitude

PENCHE-toi sur le cas de ta solitude
Elle réclame son dû d'attention.

Tant de simagrées et de sornettes
pour barrer la route à la solitude et
la faire bifurquer vers tout ce qui brille.

Combien
de clandestins silencieux
dans la solitude des discriminations ?

T'habites où ?
    — Dans ma solitude.

La solitude
est le charbon de la clairvoyance.

Les deux auxiliaires primordiaux de la solitude :
Ne pas AVOIR peur d'ÊTRE seul.

J'ai plus souvent besoin de solitude que de lien social. La première m'apprend à vivre avec moi-même. Le second, avec les autres. À choisir entre la solitude ou la multitude, le mieux reste encore de faire la navette entre les deux.

BTP -
bonheur très personnel

Phrases atypiques

L'humeur comme outil d'intensité, se chercher dans une faille, intensifier l'irrationnel et l'impact de l'invisible, à bien des égards, chercher ce qui perturbe l'horizon intérieur, ce qui confère la perspicacité à une âme, habiter pleinement la douleur tout en poursuivant inlassablement le chemin qui mène à soi. à travers les autres.

Couper le cordon ombilical de sa superbe, descendre encore, dans les entrailles d'un dépouillement vertical, sans étiquette, sans code barre des handicaps invisibles, porter les guenilles d'une perception divergente et ciseler le contradictoire, une ruée vers quelque chose de plus vrai que soi, explorer l'intime et l'incommensurable, aller au cœur de ce qui est, dévoiler le sous-jacent, par-delà les peurs, rien n'est dénué d'amour, pas même l'obscurité, l'inachèvement est la structure.

Atypique, de la tête aux phalanges, rotules, chevilles, poumons, jusqu'aux bouts des ongles, sans filtre, ni fard, d'un œil critique, en marge, décalage, situé dans ce qui est fêlé, dans tout ce qui porte la trace d'une chute, spectre autistique, si tu me cherches, tu me trouveras dans les points de rupture, là où le bât blesse.

En équilibre entre l'acceptation et la quête, survivre à l'inconcevable, chérir l'incompréhensible souvenir d'une mémoire que le temps a creusée de ses petits trous inoubliables, pardonner le désir impardonnable, celui de l'irréversible blessure du nombril. les inadaptés, comme moi, sont mes frères de brisure.

Ressentir le monde avec une acuité qui blesse la norme, délivrer l'offense des griffes de la généralité, chercher la lumière dans la prodigieuse différence, osciller entre la solitude et le sourire, boiter, ramper, qu'importe, cheminer vers l'essentiel et l'insondable, planter un poteau entre la blessure du rejet et l'inespéré.

S'incarner dans la lucidité d'un canif qui incise la nuit et fait couler le sang d'encre d'un monde qui ne croit plus en son talent de résorption, se battre pour ne pas sombrer dans l'extase d'un cynisme ravageur, cultiver l'indulgence discrète et généreuse, s'offrir la compassion sans être contraint ni pressé par l'urgence d'une paix intérieure, porter son regard sur l'inexorable instant présent, se draper dans la soie de son éternité.

Malgré les pressions d'un monde extérieur qui ignore tout du combat intérieur et du trauma, fuir le boulevard des jugements, être aperçu du ciel (là où les anges chuchotent le subtile), se voir tel que je suis, par Celui qui connaît l'insolite des âmes et le secret des cœurs.

Avoir le ressenti sauvage, l'émotion carnivore, si la jungle est dehors, c'est au-dedans de soi qu'il faut apprendre à survivre et apprivoiser l'animal blessé dans son innocence. tant de douceur à dénuder.

N'avoir que le silence des mots pour peaufiner la perspective d'une chance d'y voir clair, le moi est un sujet lourd de sens, se forcer à rire de ce qui fait mal, la folie, c'est de vouloir se faire une place dans un monde qui ne tourne pas rond, l'instabilité viscérale, l'infernale hésitation, je ne nie pas la douleur du déséquilibre, je l'embrasse.

L'irrévérence utile, l'insolence constructive, écrire, les nerfs à vif, vivre dans la rue d'une pensée buissonnière, à l'écart d'un état d'esprit normé par l'opinion généralement admise, ces mots, comme rédiger sa mémoire d'homme libre, avant d'être frappé par l'alzheimer des lendemains qui chantent comme des casseroles, certes, mais qui entendent toujours la voix de leur peuple intérieur.

Petit à petit, s'estomper, mûrir et mourir de cet entêtement qui ne veut rien savoir de sa petitesse, je ne veux pas faire partie du comble de l'ironie civilisationnelle, voir du progrès là où la grossièreté d'un mode de vie exulte les corps, exalte le cogito, exagère le Moi, à la faveur du sabotage des cœurs et leur finesse spirituelle. qui peut savoir qui il est, tant qu'il ne s'est pas écroulé de son piédestal ? sans tout ce qui tombe de haut, nul art, ni poésie, nulle profondeur, point de vie.

Pourquoi renier le tréfond d'une fissure ? épouser l'imperfection, assumer l'héritage d'une écorchure, accueillir l'écume d'une blessure, en faire une ligne d'horizon, la seule façon de côtoyer le soleil dans son intimité, transpirer à feu doux et espérer la Divine inspiration, tant de chaleur humaine à féconder.

Raconter les contours d'une pensée qui titube, ivre d'idéal. le monde est sensoriel, texturé par la matière de vivre. tout est là, à nu, propice à ce qui frappe l'intellect, qui éveille les cœurs et qui touche l'âme. et pourtant. dire l'indicible à des sourdes oreilles.

À la périphérie des normes qui encensent le quant-à-soi, s'illustrer dans la marginalité d'un souffle, chercher l'aiguille dans le détail de la connaissance de soi, quitte à payer le prix d'un déracinement social, le renoncement, point de départ de toute émancipation, ressentir et m'en tenir au solfège des intuitions.

Se retrouver entre ce qui nous brise et ce qui nous relie, ce qui nous ressemble et ce qui nous sidère, au-delà des statuts, tisser un arc en ciel entre le charbon des peurs et la poétique des reconnaissances, faut bien que souffrir serve a quelque chose, que l'humain cesse de revenir bredouille de ses écroulements, l'éternité est sur le seuil, elle attend que les cœurs accouchent de leur intelligence, qu'elle s'enfonce dans les entrailles d'une pensée nubile et qu'elle enfante le verbe aimer et être aimé sans y laisser sa peau, tant d'amour à donner et tant de mal-aimés…

PIB -
poétique intérieure brute

Phrases héréditaires

Il me disait que les enfants héritent des gouttes d'eau qui n'ont jamais débordé des vases parentaux, que la famille, c'est ce qui peut être de plus douloureux à aimer, et que, pour limiter la casse, il faut trouver la bonne distance entre l'estime de soi et l'amour des siens et que l'on s'aime ou que l'on se déteste, c'est toujours plus que tout au monde.

Il me disait que la vieillesse porte la nostalgie de l'enfance sur son visage balafré de rides juvéniles, que les adultes ont perdu leur spontanéité, qu'il leur faut des festivités outrancières pour réussir à extirper les joies viscérales, que le divertissement est devenu l'opium du peuple, que le monde moderne a égaré le mode d'emploi des p'tits bonheurs simples comme bonjour, mais qu'il faut rester à l'écoute des hypersensibles, des poètes, des résilients et des autistes, parce qu'eux, conservent toujours le duplicata.

Il me disait qu'à force de faire la tronche, de râler et de se plaindre, l'adulte a perdu le sourire et ne sait plus rire de lui-même, devenu si éloigné de son enfant intérieur qui ne comprend toujours pas pourquoi la vie d'adulte est si sérieuse, si triste, tellement consacrée à la réussite sociale et si peu à l'émerveillement et au lâcher-prise.

Il me disait que la modernité consiste à rendre toute vérité spirituelle impropre à la consommation, qu'elle nous fait vivre dans le mensonge du corps et l'illusion de l'avoir, que de la naissance aux condoléances, le destin de l'homme est savamment fléché par les ingénieurs de la perdition, que des gens grossiers et corrompus s'occupent scientifiquement de celles et ceux qui laissent s'éteindre leur feu sacré.

Il me disait que ce qui serait vraiment moderne, pour une fois, c'est que l'homme arrête de se croire civilisé, qu'être vivant aujourd'hui est rarement proportionnel au fait de réussir sa vie, qu'être de son temps, c'est surtout ne pas prendre le temps d'en avoir, du temps, et qu'à l'heure de l'hyperconnectivité, se rendre indisponible devenait indispensable.

Il me disait que ce qui est fou, c'est de manquer de folie pour s'extirper des dégâts d'un mode de vie qui nous mine insidieusement de l'intérieur, que les hommes ont besoin de repos et de sincérité, de confidences, d'une transcendance, mais que le désir du monde les tient en haleine, et que tout être humain cherche l'ovation jusqu'à féconder l'ovule terrestre de son indécrottable vanité.

Il me disait que nous naissons à l'aveuglette et qu'il faut toute une vie pour apprendre à ouvrir les yeux sur ce qui nous rend aveugles, que rien n'est moins réciproque qu'un homme et sa capacité à s'aimer lui-même, qu'irrévocablement, nous gaspillons notre chance de vivre et notre raison de mourir, et que le bonheur et le malheur sont, à n'en point douter, les choristes de nos pensées.

Il me disait qu'il suffit de retirer le papier peint social des apparences pour entrevoir les brèches, les fissures et les trous dans les cœurs, que dehors, les gens ont l'air si heureux avec leur statut et leur façon de vivre à la pointe du progrès, mais qu'au-dedans, se murmurent des soupirs et des appels au secours à faire frémir l'éternité.

Il me disait que la vie et la mort forment le plus beau couple de tous les temps, que rien ni personne n'a jamais pu les séparer, que quelle que soit l'élégance vestimentaire, on y laisse forcément des plumes, que quelle que soit l'éloquence verbale, la mort nous cloue fatalement le bec, que grandir est une procession, les années, des corbillards, le temps, un croque-mort, que dormir, c'est s'habituer à mourir, et que fort de cette fatalité, il faut aller à l'essentiel et ne plus perdre de temps avec tout ce qui plombe et pourrit l'ambiance, et qu'il faut donc VIVRE au moins une fois dans sa vie, puisqu'on ne meurt qu'une fois.

Il me disait que nombreux sont les rivages lointains d'où l'homme regarde son rêve de gosse avec regret, qu'il existe un millier de possibles entre s'abstenir et s'obstiner, que la liberté, c'est de sortir des sentiers battus par les scientifiques de la désespérance, que la résilience, c'est d'apprendre à écouter le son de tout ce qui cloche en soi, de cultiver des liens de parenté avec ce qui nous fait trébucher intimement, de déculpabiliser la culpabilité, de dédramatiser le drame, de faire du neuf et du *in* avec tous ses vieux démons.

Il me disait qu'il ne suffit pas de subvenir à ses besoins matériels pour être un homme, qu'il ne suffit pas de prendre soin de son apparence pour exister aux yeux du monde, mais qu'il faut aussi assurer le gîte et le couvert à son âme qui réclame, elle, sa part d'attention et son droit à l'image, et que cela consiste à palabrer avec son talon d'Achille, endosser sa part d'ombre, assumer ses faux pas, et ainsi devenir l'artisan de sa beauté intérieure.

Il me disait : comment pouvons-nous nous donner une chance d'être chanceux, si l'idée d'accepter une quelconque responsabilité dans notre malchance, aussi minime soit-elle, ne nous inspire rien d'autre qu'un profond désir d'exil pour aller vivre d'extase dans le harem des mille et une excuses ?

Il me disait qu'on aime tous l'idée d'une paix intérieure, mais que la plupart détestent la réalité du sacrifice pour l'atteindre, que si la majorité aimeraient que le bonheur leur fonce dessus, en réalité, très peu sont prêts à tomber à la renverse.

Il me disait que si nous sommes décevants par nature, c'est que nous descendons tous d'une déception primale, celle d'Adam décevant son Créateur, que seuls le pardon et l'amour permettent, non pas de réparer l'irréparable, mais de réconcilier la blessure avec la cicatrice.

Il me disait que la meilleure façon de rendre la monnaie au cadeau de la vie est d'offrir largement et généreusement avant que la mort n'effectue le solde de tout compte, que sans chaleur humaine, tous les étés du monde ne sont d'aucun secours, fussent-ils indiens, qu'il faut apprendre la solidarité aux enfants, et que cela commence par des coups de pouce, pour qu'une fois adulte, ils puissent donner de vrais coups de main, que bien avant de leur enseigner les sciences et la littérature, il faut leur transmettre l'art de tendre la perche à ceux qui sont dans la dèche.

Il me disait qu'il y aura toujours des spécialistes de l'inventaire, de ceux qui aiment poser des étiquettes sur la race humaine, les psycho-rigides qui ne peuvent concevoir que des individus échappent à leur névrose des définitions toutes faites et des amalgames pernicieux.

Il me disait qu'en réalité, toute la question est de savoir si ce sont les autres, que nous appelons illégitimement « étrangers », que nous ne portons pas en estime et que nous tenons à distance, ou si c'est nous-mêmes que nous détestons au point d'être devenus étrangers à nous-mêmes, nous, qui sommes devenus si éloignés de nous-mêmes que nous n'arrivons plus à faire le distinguo entre ceux qui nous veulent du bien et ceux qui nous veulent du mal.

Il me disait que s'il y avait des furibonds de la pudeur qui bondissent de pudibonderies en pudibonderies et qui s'offusquent de tout, il y a aussi les fous furieux de l'extravagance qui sautent de blasphèmes en blasphèmes, qui s'autorisent tout, et que les premiers sont aussi étriqués dans leur hystérique bondieuserie que les seconds le sont dans leur laïque bigoterie.

Il me disait que, bien que prétendument opposés, les athées (prosélytistes de l'incrédulité) et les croyants (propagandistes de la moralité) partagent le même démon de la radicalité : celui de se croire mutuellement supérieur l'un à l'autre.

Il me disait que le péché paradoxal, d'un côté comme de l'autre, est de croire en Dieu et d'avoir un comportement infâme, au nom d'une foi aveugle, comme être incroyant et avoir un comportement odieux, au nom d'un rationalisme belliqueux.

Il me disait qu'il y a des hommes comme ça, d'un côté comme de l'autre, qui ne se guérissent que par la guerre, que les solennels moralistes et les cyniques ricaneurs devraient se fréquenter, voire se fricoter, histoire de métisser la blessure d'orgueil de part et d'autre, en espérant que la bienveillance sorte de leurs entrailles et que le respect de tout ce qui diffère de soi devienne l'enfant prodige de toute civilisation.

Il me disait que si l'enfer c'est les autres, c'est que l'on reconnaît en eux une part de soi.

Il me disait que si les hommes ne se comprennent pas entre eux, Dieu, Lui, les comprend tous.

Il me disait que certains l'appellent Dieu, la Vie, l'Univers, mais c'est toujours une force supérieure qui nous inspire le vrai bonheur et l'art de savoir vivre ensemble ; quant au malheur, nul besoin de métaphysique, nous excellons à le cultiver de nos propres mains, tels des jardiniers de la consternation, outrés par la différence et la variété de la pépinière humaine.

Il me disait que le chemin n'est jamais tracé, de trouver ma raison de vivre, de la concevoir avec mon cœur, de la diriger avec ma pensée, de la façonner avec mon pied, il me disait de marcher, de trébucher, d'apprendre, il me disait que mes faux-pas m'appartiennent et que j'ai toujours le choix entre suivre l'espérance à la trace ou prendre l'empreinte d'une dent contre la vie.

Il me disait qu'il ne fallait pas prendre pour argent comptant tout ce qu'il me disait, que ce n'étaient là rien de moins que les paroles d'un vieux fou en froid avec un vieux monde qui a perdu la tête, face à une humanité à bout de souffle, qu'il me fallait expérimenter la vie dans sa chair, ses os, son âme et sa conscience.

Il me disait qu'il me souhaitait de rencontrer des personnes extraordinaires dans ma vie, de celles qui nous donnent envie de devenir nous-mêmes des personnes d'exception, qu'il me souhaitait de rencontrer des visages radieux, de ceux qui rayonnent à des kilomètres à la ronde, de ceux qui irradient les tristes mines et les transforment en bonnes bouilles, et que la meilleure façon d'envisager de telles rencontres était de devenir ce visage.

C'était un homme libre qui m'invitait à cesser d'être la proie de ma propre prédation, et à ne pas jamais tomber plus bas que mon ciel intérieur.

C'était un homme d'une soixantaine d'années qui poursuivait un idéal, un homme mélancolique, mais jamais désespéré et profondément résilient.

Il me disait…

DLC -
désir largement compliqué

Phrases en duo

je vous déclare bougie et flamme

vous pouvez vous embraser

Qu'est-ce que tomber amoureux
si ce n'est de monter à bord d'un arc-en-ciel,
d'avoir la tête dans les nuages et
de faire un p'tit brin de causette avec les oiseaux ?

•

Deux êtres qui s'aiment
sont une infusion des sens dans la tasse des cœurs.
On se boit brûlants et, avec le temps,
on se laisse tristement refroidir.

•

Celui qui
n'est jamais tombé follement amoureux
ignore tout du plaisir d'avoir
les genoux écorchés par les sentiments.

•

Ne sachant pas
quand est-ce que le grand amour
viendra frapper à ma porte,
je lui ai laissé un mot en cas d'absence.

« Mon cher, je suis parti nous chercher des kébabs. La clé est sous le paillasson. Rentre, fais-toi un kawa, j'arrive ! »

•

Aussi sûr que
l'amour peut réunir
deux personnes sous le même toit,
leurs EGOS peuvent assurément les séparer
et les ramener chacune chez elle.

La plupart misent sur la physique des corps.
Une poignée seulement, sur l'alchimie des cœurs

•

Homme pluvieux,
femme lumineuse,
femme orageuse,
homme brillant.
K-way et Bikini.
À eux deux ils font
la pluie et le beau temps de leur histoire d'amour,
à coups de parapluie et de crème solaire.

•

Elle n'est attirée
que par des hommes fêlés.
Elle collectionne les fissures.

•

Ce qui m'a le plus frappé
et m'a fait très mal,
c'est sa douceur et sa tendresse.
J'ai porté plainte contre coups de cœur et caresses.

•

Derrière une poitrine opulente,
des lèvres pulpeuses,
qui sait quel tonnerre gronde
et quel orage est sur le point d'éclater ?

**Sans toi
mon œil est
sans paupière**

« **M**a fille,
apprends à t'enlacer
avant de te jeter dans les bras du premier venu. »

•

« **M**on fils,
méfie-toi de ses caresses,
elles ont le potentiel d'une claque ! »

•

L'épine de la rose
piqua sa curiosité et
lui inspira cette réflexion :
Pourquoi faut-il que l'Amour
ait toujours ce parfum de douleur ?

•

À chaque fois que
la femme de ce podologue
l'invite à prendre son pied,
il a la drôle d'impression de
devoir faire des heures sup ».

•

Il déclare son amour
comme il déclare ses impôts.
En espérant une réduction fiscale
pour avoir fait don de ses sentiments.

*« Fiston,
si tu dois aimer,
que ton cœur soit
une corbeille de fruits. »*

Ce conseil d'un père aimant contient 10% d'oxygène, 43% d'inspiration, 47% de fibres (à lire avec la peau, et surtout avec des yeux d'enfant).

Jus de fruit de cette phrase :
Qubeootfrrœdurienuicetuilcsotnlees

(à lire bien frais, avec une paille).

Il perdit la cabeza
à vouloir gagner son corazon.

•

Il voulait un plan Q.
Elle rêvait d'un plan QI.

•

Ce patenté dragueur
est un fieffé voleur,
il passe son temps à voler des baisers.
Un portrait robot de sa bouche a été établi.

•

Ça fait longtemps qu'on ne se parle plus.
Longtemps qu'on ne se pense plus.

•

Les femmes sans le nectar de l'amour,
les amis sans le sucre de l'amitié,
nutritionnistes des sentiments,
ils se sont spécialisés dans les relations allégées ;
des rapports humains, certes,
mais sans la matière grasse saturée de l'émotion…

•

Je sais que tu ris rose à chaque fois
que j'érotise ma théorie du couple.
— Chéri, arrête de me théoriser. Pratique-moi !

JAMAIS
— DOUX —
SANS TOI

À force de reproches

les
coeurs
s'effilo
chent

Quand un mari lucide se dispute avec sa femme clairvoyante dans une engueulade perspicace aux éclaboussures lumineuses. Prise de bec éclairée, discorde éblouissante, splendeur d'une colère. Sublime conflit qui est censé être résolu en se réconciliant intelligemment sur un oreiller conscient et sous une couette subtile...

**HOMME À SORNETTE.
FEMME À SONNETTE.**

Mon amour
Laisse-moi me paumer
Dans la paume de tes mains
M'enivrer de leur douceur
M'évaporer dans leurs caresses

Il ne suffit pas d'être amoureux pour se croire à l'abri de la haine. Il ne faut pas grand chose pour passer la douane des sentiments. Tout ce qui est aimable peut devenir détestable du jour au lendemain. Faut juste une blessure pour passer clandestinement la frontière.

•

Ça commence par demander la main et ça finit par demander le divorce, demander de rendre les clés, demander des comptes, demander de garder ses distances, demander la pension alimentaire, demander la garde exclusive des enfants. Et le soir, chacun chez soi, dans son lit, se demande à qui la faute ? La main ?

•

Message de la sécurité relationnelle à destination des jeunes couples :
« Avant de vouloir retirer la mouche collée sur le pare-choc de votre conjoint ou de votre conjointe, regardez plutôt tous les insectes qui se sont écrasés sur la carrosserie de votre orgueil ».

•

DIEU
Créa la femme
L'homme lui fit faire la vaisselle.

DIEU
Créa l'homme
La femme lui fit sortir les poubelles.

•

« Aucune flèche dans le carquois de l'Amour n'est acquise »,
dit-il, narquois, à la Marquise.

Il aimait la taquiner
Elle aimait l'enquiquiner
Du coup, ils s'acoquinèrent
Et eurent beaucoup de p'tits coquins

Extrait du worst-seller vendu à des millions d'exemplaires, traduit dans toutes les langues du monde entier, élu livre du siècle par le Old-York times, de l'éminent Thérapeute de couple, Abdul-ben guiliguili :

Conseil pour les femmes qui reprochent à leurs hommes d'être de grands gamins :

«La meilleure façon de se guérir de la nostalgie de l'enfance est de laisser votre homme prendre soin de son enfant intérieur, se gaver de bonbons, jouer les malins, se salir l'amour-propre, de lui mettre la fessée (il ne sera pas contre, faites-moi confiance), de le mettre au coin de temps à autres et de le laisser faire pipi au lit à l'occasion» sic.

Breaking News

Évasion amoureuse spectaculaire.

La police de la routine recherche activement un couple qui a réussi à échapper à la fatalité du Boulot-Maison-Dodo pour aller vivre son idylle loin des "On n'a pas le choix". Attention, individus outrageusement épanouis, dangereusement sereins, radicalement heureux.

Published on 14 February, 2025.
By @rt'felinat

QUAND, pour la dernière fois, avons-nous pris le temps d'exprimer de vive voix et de visu, à celles et ceux qui nous sont chers dans la vie, notre gratitude et notre bonheur de lire dans leurs regards à quel point nous sommes importants à leurs yeux ?

[Friend zone]

J'en ai gros sur la patate !
— Fais des frites maison.
— Chuis dans de beaux draps !
— Mets-les au sale.
— J'ai le moral dans les talons !
— Change de chaussures.
— Ces satanées migraines !
— Arrête de prendre des décisions sur des coups de tête.
— Les scrupules m'étouffent !
— Prends de la Ventoline.
— J'ai l'impression d'être condamnée à souffrir !
— Change ton destin d'épaule.
— Trop gentille, trop conne !
— Change d'adresse. Déménage tes idéaux.
— Les hommes sont tous les mêmes !
— On ne peut pas plaire à tout le monde, mais de là à ne plaire à personne.
— Personne ne m'aime !
— Si. Moi je t'aime.
— Je préfère qu'on reste amis.
— ?!!!%^*#@[¿₩ !.....

[Pshiiit !]

Elle pulse pour toi,
elle perle pour toi,
elle pulpe pour toi…
Secoue-toi mon vieux !
T'attends quoi pour la décapsuler ?!
— Heu… Je n'aime pas les femmes gazeuses. Je préfère les plates.
— ?!

•

Je lui ai fermé la porte de mon cœur.
Elle est passée par la fenêtre de mes yeux.

•

La plupart des hommes sont aujourd'hui défendus par l'avocat de leur ego, ce représentant illégal du MOI, spécialisé dans les affaires de mauvaise foi, qui se charge d'avoir toujours raison. Tant que nous ne sommes pas en paix avec nous-mêmes, nous sommes toujours en procès avec Ève.

•

La contradiction dans un couple fait du feu. À nous de choisir ce que nous voulons faire naître de cette contradiction : la lumière ou la brûlure ?

•

Tomber amoureux transforme
un cœur sec en un cœur plein de suc.

•

Cet homme est entier.
Il dit tout ce qui lui passe par la tête, le cœur et les couilles…
Dans le ghetto des sentiments,
Alice aux pays des sacs-poubelles
attend que l'éboueur de l'Amour vienne l'exfiltrer.

•

Nul n'est perfect !
L'amour a sa marge d'erreur.
Sois souple.

•

Quand il pleure sur son sort,
elle sort pour pleurer.
Quand elle chante sous la pluie,
il pleure sur la chanson.

•

[Tinder]

De quel côté tu regardes la vie ? Côté couloir ou côté hublot ?
— Heu… Je déteste l'avion !
— Heu…OK. Et ton passe-temps favori ?
— La vie !

•

Il ne voulait pas de sexe
Elle partit en couilles…

la perle rare

La femme attend l'homme idéal. L'homme attend la femme idéale. Tous deux attendent le moment idéal pour le bonheur idéal. Ne voyant jamais ce fameux idéal pointer le bout de son nez idéal, ils décident de chasser l'ennui de leur vie qui est tout, sauf idéale, en prenant un animal idéal de compagnie idéale, (il faudrait poser la question à l'animal, si lui aussi attend le maître ou la maîtresse idéale). Ainsi peuvent-ils idéalement (l'animal inclus) passer toute leur vie à vouloir la perle rare, sans jamais s'occuper d'en être une.

Où se trouve un cœur
qui n'y est plus ?

Dans une relation, si tous les mots que l'on prononce avaient leur mot à dire, certains d'entre eux consentiraient volontiers à rester esclave du silence plutôt que de s'offrir la liberté d'être une parole qui blesse, qui dégrade et humilie.

•

Il avait peur d'avoir tort
Elle avait tort d'avoir peur
Ils s'avouèrent leur tares
Se dévouèrent sans remord
Se révélèrent leur humeur
Et se dévoilèrent sans pudeur

•

Y'a les couples qui se séparent.
Y'a les couples qui se réparent.

•

Durant de longues heures, nous conversâmes
Mais nos désaccords, nous conservâmes
Durant de longues heures, nous criâmes
Et de nos ridicules, nous « riâmes »
Durant de longues heures, nous nous leurrâmes
Et de toutes nos larmes, nous pleurâmes
Durant de longues heures, nous nous lassâmes
Et dans nos bras, nous nous enlaçâmes

Tout ce qui brille n'est pas or

sauf le cœur qui pardonne

TSA-
trouble du spectre aphoristique

Phrases sur la phrase

Farfelu de naissance, de père loufoque et de mère saugrenue, l'aphoriste a la berlue.

La nuit, quand les académiciens ronflent,
je tague mes aphorismes sur le mur de la littérature.

•

L'aphorisme
a toujours été ma phrase de thé.

•

Jusqu'à preuve du synonyme,
un auteur n'est jamais aussi innocent
qu'une page blanche.

•

Aphorisme : Phrase qui s'est libérée de l'autorité du roman pour se mettre à son compte. Aphoriste : auto-entrepreneur littéraire.

•

Aphorisme : Bâtonnet d'encens littéraire qui sent le soufre.

•

AVERTISSEMENT
Ne jamais chercher des noises conceptuelles à un poète casse-couilles ou à un aphoriste casse-burnes. Ils ont l'expérience des brisures…

Lever la tête du guidon :
minimum syndical de l'étonnement.

APHORISME
— *Courant d'air littéraire*
qui fait claquer les portes académiques.

Les mots :

quelle excellente cachette pour qui veut construire sa cabane dans les bois de la littérature.

À force de jouer avec et sur les mots, un poète fut condamné au tribunal des grandes sentences pour détournement de fonds, de forme et de sens.

•

Dans chaque poète,
un écureuil solitaire.

•

Prendre un kawa sur la lune.
Observer à loisir la planète bleue.
Écrire des aphorismes interstellaires.

•

Tout tombe sous le sens, sauf la poésie ou un aphorisme. Ils vivent tous les deux dans le village gaulois de la littérature.

•

Écrire des aphorismes, fingers in the nose.
(Cette phrase pète plus haut que son sens)

•

Mon rêve, c'est d'aller aux Maldives, aux Seychelles, à Acapulco, à Bora-Bora, à l'île Maurice…bref, faire toutes les belles îles, et toi ?
— Moi ? C'est d'aller en Belgique, terre d'aphorismes.
— ?!

Aphorisme

―――

petite phrase sponsorisée par l'horizon.

POÈTE
ingé son
des âmes

APHORISTE
ingé lumière
des cerveaux

Que j'aime lire ces trop rares auteurs qui arrivent à m'offrir un voyage intérieur cuir en première classe avec vue imprenable sur les aurores boréales de mon âme.

•

Travailler, c'est trop dur
ne rien foutre, c'est l'enfer
lire et écrire des aphorismes,
ça, c'est le pied.

•

L'idée précède le concept. L'audace précède l'ironie. Le paradoxe précède le malaise. L'aphorisme dans toute sa trajectoire.

•

Tous les matins,
ce poète éminemment artisanal
réanime la langue française à la manivelle.

•

L'aphorisme
permet de transpercer le réel
avec le tranchant de l'ironie
afin d'en faire couler le sens…

•

Poésie : passerelle entre la lumineuse blessure universelle et les illustres rescapés de la désespérance…

Penceps :
néologisme

Biceps de la pensée.

Le charme d'une phrase est dans son text-appeal.

VOUS ÊTES ICI

en train de me lire, à défaut d'être
ailleurs, en train de perdre votre
temps, ou de le gagner.

DE TOUTES LES PENSÉES
l'aphorisme est le Best-Seller

DE TOUS LES ÉTATS D'ÂME
la poésie est le chef-d'œuvre

Suivre la trace de ces grands couturiers de l'esprit qui arrivent à coudre l'essentiel d'une pensée en quelques mots-aiguilles.

•

Aphoriste : ardue la tâche qui consiste à essayer de faire entrer le fil de son inspiration dans le chas d'une phrase.

•

Bonheur d'écrire : je suis 50 fois plus heureux lorsque je trouve le mot qui me manque, le mot juste, le mot parfait, que si je trouvais 50 euros.

•

Chercher
dans le corps du texte,
la veine cave,
prendre le pouls du poème
et entendre ses mots qui palpitent.

•

Se lever tôt pour tenter d'écrire des phrases aux rebords escarpés, entraîner le lecteur dans le canyon d'une métaphore, qu'il ait, dans la mesure du possible, son compte en matière de sensations fortes.

•

L'éloquence de ce poète a l'élégance d'une mâchoire habillée sur ses 31 dents.

Je ne suis jamais plus inspiré
que lorsque je trempe ma plume dans le silence
les doigts tâchés par l'encre de l'indicible.

LE POÈTE
s'escrime
DE LÈSE-MAJESTÉ

Quand la lumière du jour déborde sur la page blanche tachée par les éclaboussures de la nuit, le poète écrase son cœur dans le cendrier, ouvre la fenêtre, aère le poème, chasse l'inspiration du plancher. Le point final est à l'ordre du jour jusqu'au prochain point de suture au clair de lune …

Poésie et Aphorisme, comme les deux philosophantes d'une éternelle sensibilité.

•

Si l'acte d'écrire ne me transforme pas profondément de l'intérieur, alors écrire n'est plus un acte, un geste de la main, tout au plus.

•

Je ne comprendrai jamais les gens qui ne comprennent pas que je suis un poète incompris. T'as compris ?

•

Au poncif
j'préfère
le coup d'canif
d'un aphorisme incisif.

•

Annonce :
Imagination à revendre. Rarement fait preuve. Jamais débordée. Prix en fonction de votre capacité à prendre vos désirs pour la réalité.

•

Il m'arrive d'être réaliste,
mais c'est juste alimentaire.
L'imagination est mon vrai métier.

Page blanche recrute inspiration

ÉBÉNISTES DE
L'IMPROBABLE

LES POÈTES ?

LES APHORISTES ?

CHAUDRONNIERS DE
L'IMPRÉVISIBLE

Titre du roman que je n'écrirais jamais : *Un sofa au Burkina Faso*. Du coup, j'en ai extrait cet aphorisme sain et sauf que j'ai dédicacé, fissa, à Sophie qui vit à Sofia avec Sofiane, un couple de soufi à leur façon.

•

Je m'accroche à mes phrases comme un rescapé sur les débris d'un naufrage mondialisé.

•

Écrire une phrase avant que le point final ne sache où je veux en venir.

•

Lubies et désinvolture en surface, descendre dans les profondeurs d'une phrase là où se cache le scorpion du sens.

•

24 h est le temps que je laisse entre une idée géniale que je crois avoir et la réalité qui m'attend patiemment au tournant.

•

Quand deux aphoristes se rencontrent dans une soirée, ils abrègent toute discussion.

•

Les phrases utiles sont celles qui mitent nos idées reçues et font des petits trous partout dans nos certitudes.

Chers critiques littéraires.
Vous avez le droit de me lire en silence. Toute critique sera retenue contre vous si vous n'avez pas la licence libre de droit à la diffamation.

•

Écrire pour comprendre ce qui étouffe jusqu'à la racine du brouillard.

•

La grande librairie
— Monsieur, pourquoi la poésie, pourquoi l'aphorisme ?
— Parce qu'ils n'ont pas besoin de se justifier. Ni d'où ils viennent, ni où ils vont. Le savent-ils eux-mêmes ? Tout ce qu'ils savent, c'est qu'ils arrivent toujours comme un cheveu sur la soupe littéraire. Et la soupe, ça fait grandir l'âme. Je vous sers un bol ?
— Non merci, je préfère un bon gigot fictif écrit par un romancier grassouillet et ventripotent. Au moins ça nourrit son homme.
— Un jour, la poésie et l'aphorisme rentreront dans le lard du roman.
— Ouais, bah, c'est pas demain la veille qu'un recueil de poésie ou d'aphorisme pourra être un best-seller et rendre leur auteur millionaire.
— Qui écrira verra, bouffeur de romans.
— C'est ça, poète de médeux.

Le poète cherche sa place dans le monde
comme les mots qu'il écrit cherchent la leur dans la phrase.

•

L'imagination
est la nourrice du créatif.

•

Je suis lac
poète d'eau douce
comme un poisson dans les mots

•

Temps riche pour le poète qui ne va pas plus vite que sa p'tite musique intérieure et qui ambitionne de vivre selon sa propre mélodie. C'est ainsi qu'il enchante tout un monde à des kilomètres à la ronde, un monde qui ne sait plus prendre son temps, un monde ébloui par les fulgurances du progrès, un monde qui a oublié les paroles d'un bonheur simple et efficace comme bonjour et au revoir.

•

Aphorisme : marquer les esprits au feutre d'une métaphore indélébile.

•

J'avais tout perdu. Il ne me restait plus que mes yeux pour pleurer et l'encre de ma plume à faire couler. La poésie m'a permis de repartir de HÉROS.

After propos

Au tout bien sous tout rapport, à la rationalité montée sur son 31, au pragmatisme tiré à quatres épingles, de loin, comme de près, je préfère avoir le charabia éclairé, le flou clairvoyant et la naïveté bienheureuse, car il fait si froid dans les têtes cartésiennes…

biographie

Majead At-Mahel alias @rt'felinat, Français, d'origine marocaine, vit en Guadeloupe depuis 2005. Poète, aphoriste, punchliner, chroni'coeur, tourneur-phraseur, artisan-rêveur (option spectre autistique).

Majead pratique une écriture introspective et minimaliste qui oscille entre le sacré et l'humour. Il affectionne le format court qui en dit plus long que prévu, bichonne tout ce qui est bref, pomponne tout ce qui va à l'essentiel comme tout ce qui va à son rythme, tout ce qui donne (sans faire gaffe) à réfléchir et tout ce qui prête à sourire en eaux troubles.

biblio

Revues littéraires & éditions :
Lélixir / Boucan / Traversées / Nouveaux Délits / Infusions / Le capital des mots / Tas de mots / Traction-Brabant / Lichen / Mot à Maux / Le bordel des poètes / Poésie d'ailleurs / Scribulations / Poésie Danger, etc.

2008, paraît son premier recueil de poésie aux éditions Joseph Ouaknine. Par la suite, il publie cinq recueils en autoédition. Deux, trois récompenses et coups de cœur littéraires, ici et là, qui pourrissent dans les sous-sol du Web.

2024 :
Je pète la forme brève (Cactus Inébranlable Éditions)
Le spleen de Pointe-à-Pitre. (Jacques Flament Éditions).
Du cœur à l'ouvrage de vivre. (Jacques Flament Éditions).
Jaloux des oiseaux. (Jacques Flament Éditions).
En toute l'être. (Mindset Éditions).

Accessoirement, entre 15h12 et minuit moins le quart avant la fin du monde, Majead slame. Un album, un E.P à son actif et plusieurs singles en collaboration avec Gwadad Café.

© Majead At-Mahel, 2025
Édition : BoD · Books on Demand, 31 avenue Saint-Rémy, 57600 Forbach, bod@bod.fr
Impression : Libri Plureos GmbH, Friedensallee 273, 22763 Hamburg (Allemagne)

ISBN : 978-2-3225-5892-6
Dépôt légal : Mars 2025